HANNAH FREY

FRÜHSTÜCK ZUCKERFREI

FOTOGRAFIE: COCO LANG

INHALT

*Öffnen Sie die Klappen dieses Buches.
Dort finden Sie die wichtigsten Infos zum Thema auf einen Blick!*

DAS PRINZIP:
FRÜHSTÜCK
ZUCKERFREI

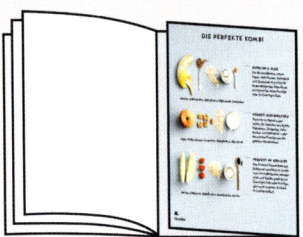

DIE PERFEKTE
KOMBI

Immer griffbereit:

SO GEHT'S:
ZUCKERFREIE
ERNÄHRUNG

Immer griffbereit:

SO GEHT'S:
OHNE ZUCKER
KONSERVIEREN

GU CLOU

Wussten Sie schon, dass ...?
Entdecken Sie bei einigen ausgewählten Rezepten ganz besondere Tipps mit verblüffendem Insiderwissen. Aha-Momente garantiert!

 Mit diesem Symbol sind alle vegetarischen Gerichte gekennzeichnet.

 Die Backzeiten können je nach Herd variieren. Unsere Temperaturangaben beziehen sich auf das Backen im Elektroherd mit Ober- und Unterhitze.

 Sammeln Ihrer Lieblingsrezepte mit der »GU Kochen Plus«-App (siehe S. 64)

REZEPTKAPITEL

06 SMOOTHIES & BOWLS

26 BROT, BRÖTCHEN & AUFSTRICHE

42 AUS OFEN, PFANNE & CO.

04 DIE AUTORIN
05 LIEBLINGS-OVERNIGHT-OATS MIT 4 ZUTATEN
44 COVERREZEPT
60 REGISTER, ABKÜRZUNGSVERZEICHNIS
62 IMPRESSUM, LESERSERVICE, GARANTIE

HANNAH FREY

Wenn es ums Frühstück geht, ist Hannah eine Meisterin ihres Fachs. Die Hamburgerin weiß einfach, was auf dem Tisch stehen muss, damit alle satt und glücklich werden. Weshalb sie Industriezucker kritisch sieht und was für ein zuckerfreies Frühstück wichtig ist, hat sie in wenigen Sätzen erklärt.

Frühstück – süß oder herzhaft?

Unter der Woche liebe ich süßes Frühstück – dabei setze ich allerdings auf frisches Obst, beispielsweise in leckeren Frühstücks-Bowls, Porridges oder Smoothies, und meide raffinierten Zucker in Marmeladen, Nuss-Nugat-Aufstrichen und Co. Zum Glück gibt es diese Zuckerbomben aber auch in der gesünderen Variante ohne Industriezucker. An normalen Wochentagen muss es bei mir meist ruckzuck gehen und ich bereite ein schnelles Frühstück zu. Super ist auch ein Frühstück, das gut vorbereitet werden kann, wie zum Beispiel Overnight Oats – das sind einfach Haferflocken (engl. »oats«), die man über Nacht einweicht. Am Wochenende, wenn ich mehr Zeit habe und auch mal etwas später frühstücke, gibt es oft Herzhaftes: Dann stehe ich gern länger in der Küche und backe früh noch frisches Brot oder knusprige Brötchen oder bereite Shakshuka zu.

Womit kann man alternativ süßen?

In meinen Rezepten vermeide ich raffinierten Industriezucker und verwende hauptsächlich frisches Obst und Trockenfrüchte wie Datteln, Trockenpflaumen oder Rosinen zum Süßen – am besten in Form von Pasten oder Pürees.

Warum Industriezucker besser meiden?

Aus unserem viel zu hohen Zuckerkonsum resultieren unzählige Krankheiten und Gesundheitsprobleme. Denn raffinierter Zucker enthält keine Vitamine oder Mineralstoffe, sättigt nicht, sondern erhöht den Blutzuckerspiegel und macht uns so hungrig und damit krank. Sein einziger Vorteil: Er schmeckt verdammt lecker! Deshalb steckt auch im Frühstück oft viel raffinierter Zucker: in Brot und Brötchen, Marmeladen, Nuss-Nugat-Cremes, Croissants, aber auch in Herzhaftem wie Wurst und pikanten Aufstrichen. Zum Glück gibt es leckere gesunde Alternativen!

LIEBLINGS-OVERNIGHT-OATS MIT 4 ZUTATEN

Am Vorabend 80 g zarte Haferflocken mit 200 ml Milch (ersatzweise ungesüßtem Pflanzendrink) verrühren.

Die Oats in zwei Gläser füllen und abgedeckt ca. 8 Std., am besten über Nacht, kühl stellen.

Am nächsten Morgen 1 Banane schälen und in Scheiben schneiden. Über die Overnight Oats verteilen.

Zuletzt jede Portion noch mit 1 TL Erdnussmus garnieren.

Gesund und lecker frühstücken mit wenig Aufwand – einfach am Abend vorher die Haferflocken einweichen und am nächsten Tag mit Obst und Nussmus nach Wahl servieren. Die Mengen reichen für 2 Personen.

SMOOTHIES & BOWLS

08 KAFFEE-BANANEN-SMOOTHIE
09 SALTED CARAMEL SMOOTHIE
10 KIBA-SMOOTHIE
10 ORANGEN-MANGO-SMOOTHIE
11 GRÜNER SMOOTHIE
11 BANANEN-ERDNUSS-SMOOTHIE
12 HIMBEER-SMOOTHIE-BOWL
13 GREEN-SMOOTHIE-BOWL
15 HERZHAFTE BREAKFAST-BOWL
16 SCHOKO-KOKOS-PORRIDGE
18 BIRNEN-PORRIDGE MIT ZIMT
19 QUINOA-ROSINEN-PORRIDGE
20 MANGO-HIMBEER-CHIA-PUDDING
22 PIÑA-COLADA-OVERNIGHT-OATS
23 OVERNIGHT OATS MIT BEEREN
24 BIRCHERMÜSLI MIT BEEREN-MIX

Für 2 Personen • 5 Min. Zubereitung • Pro Portion ca. 160 kcal, 5 g EW, 3 g F, 27 g KH

KAFFEE-BANANEN-SMOOTHIE

LAKTOSEFREI

1 Banane
200 ml Kaffee (abgekühlt)
100 ml ungesüßter Haferdrink
4 EL zarte Haferflocken
2 Msp. Zimtpulver
  (am besten Ceylon)
2 Msp. gemahlene Vanille
2 TL rohes Kakaopulver

1 Die Banane schälen und in grobe Stücke schneiden. Die Bananenstücke in den Hochleistungsmixer geben, dann den Kaffee und den Haferdrink dazugießen.

2 Danach die Haferflocken hinzufügen und alles mit Zimt, Vanille und Kakaopulver würzen. Alle Zutaten im Hochleistungsmixer fein pürieren. (Alternativ die Zutaten in einem hohen Rührbecher mit dem Pürierstab mixen, der Smoothie wird dann allerdings nicht ganz so cremig wie im Mixer.)

3 Anschließend den Smoothie auf zwei Gläser verteilen.

Für 2 Personen • 5 Min. Zubereitung • Pro Portion ca. 260 kcal, 5 g EW, 9 g F, 37 g KH

SALTED CARAMEL SMOOTHIE

BALLASTSTOFFREICH

2 Bananen
2–4 Datteln (entsteint)
250 ml ungesüßter Mandeldrink (ersatzweise Wasser)
1 EL Mandelmus
2 EL zarte Haferflocken
1 TL rohes Kakaopulver
1 Msp. gemahlene Vanille
Salz

1 Die Bananen schälen und in grobe Stücke schneiden. Die Bananenstücke mit den Datteln in den Hochleistungsmixer geben und den Mandeldrink dazugießen. Mandelmus und Haferflocken hinzufügen und alles mit Kakaopulver, Vanille und 1 Prise Salz würzen.

2 Alle Zutaten im Hochleistungsmixer cremig pürieren. Falls der Smoothie zu dickflüssig ist, löffelweise noch etwas kaltes Wasser hinzufügen und untermixen. (Alternativ die Zutaten in einem hohen Rührbecher mit dem Pürierstab mixen. Der Smoothie wird dann allerdings nicht ganz so cremig.)

3 Anschließend den Smoothie auf zwei Gläser verteilen.

Für 2 Personen • 10 Min. Zubereitung •
Pro Portion ca. 170 kcal, 3 g EW, 1 g F, 35 g KH

Für 2 Personen • 10 Min. Zubereitung •
Pro Portion ca. 115 kcal, 2 g EW, 1 g F, 23 g KH

KIBA-SMOOTHIE

SOMMER-REZEPT

300 g TK-Sauerkirschen (entsteint; ohne Zucker) • 2 reife Bananen • 1 EL Zitronensaft

1 Die Kirschen nach Belieben auftauen lassen (alternativ tiefgekühlt verarbeiten). Die Bananen schälen und in grobe Stücke schneiden.

2 Kirschen, Bananen, Zitronensaft und 200 ml kaltes Wasser im Hochleistungsmixer cremig pürieren. Falls der Smoothie zu dickflüssig ist, löffelweise noch kaltes Wasser untermixen. (Alternativ die Zutaten in einem hohen Rührbecher mit dem Pürierstab mixen. Der Smoothie wird dann allerdings nicht ganz so cremig.)

3 Den Smoothie auf zwei Gläser verteilen.

ORANGEN-MANGO-SMOOTHIE

EXOTISCH

2 Orangen • ½ Mango • 1 Stück Kurkuma (ca. 10 g) • 1 Stück Ingwer (ca. 1 cm) • 4 Stängel Minze

1 Die Orangen schälen und in Stücke schneiden. Die Mango schälen und das Fruchtfleisch vom Kern schneiden. Kurkuma und Ingwer waschen (schälen ist nicht nötig!). Die Minze waschen, trocken tupfen und die Blätter abzupfen.

2 Alle Zutaten mit 200 ml kaltem Wasser im Hochleistungsmixer cremig pürieren. Falls der Smoothie zu dickflüssig ist, löffelweise noch kaltes Wasser untermixen. (Alternativ die Zutaten in einem hohen Rührbecher mit dem Pürierstab mixen. Der Smoothie wird dann allerdings nicht ganz so cremig.)

3 Den Smoothie auf zwei Gläser verteilen.

Für 2 Personen • 10 Min. Zubereitung •
Pro Portion ca. 175 kcal, 3 g EW, 12 g F, 13 g KH

Für 2 Personen • 5 Min. Zubereitung •
Pro Portion ca. 350 kcal, 12 g EW, 20 g F, 30 g KH

GRÜNER SMOOTHIE

VITAMINREICH

½ Ananas (ersatzweise 200 g TK-Ananas ohne Zucker) • 100 g Blattspinat • ½ Avocado • 2 EL Limettensaft

1 Die Ananas schälen und die »braunen Augen« entfernen (es sollten 200 g Fruchtfleisch entstehen). Die Ananas in grobe Würfel schneiden (TK-Ware rechtzeitig auftauen lassen). Den Spinat waschen und trocken tupfen. Die Avocado schälen und grob schneiden.

2 Alle Zutaten mit 400 ml kaltem Wasser im Hochleistungsmixer mixen. Falls der Smoothie zu dickflüssig ist, löffelweise noch etwas kaltes Wasser untermixen. (Alternativ die Zutaten in einem hohen Rührbecher mit dem Pürierstab mixen. Der Smoothie wird dann allerdings nicht ganz so cremig.)

3 Den Smoothie auf zwei Gläser verteilen.

BANANEN-ERDNUSS-SMOOTHIE

BALLASTSTOFFREICH

1 reife Banane • 2 EL Erdnussmus • 4 EL zarte Haferflocken • 2 EL rohes Kakaopulver • 1 TL Zimtpulver (am besten Ceylon) • 2 EL Kakao-Nibs

1 Die Banane schälen und in grobe Stücke schneiden. In den Hochleistungsmixer geben, 300 ml kaltes Wasser dazugießen und alles möglichst fein pürieren.

2 Dann Erdnussmus und Haferflocken hinzufügen, alles mit Kakao und Zimt würzen und nochmals durchmixen.

3 Anschließend den Smoothie auf zwei Gläser verteilen und mit den Kakao-Nibs garnieren.

Für 2 Personen • 10 Min. Zubereitung • Pro Portion ca. 385 kcal, 10 g EW, 30 g F, 22 g KH

HIMBEER-SMOOTHIE-BOWL

SOMMER-REZEPT

*300 g Himbeeren
(frisch oder TK)
160 ml Kokosmilch
40 g zarte Haferflocken
2 EL Mandeln
4 Blätter Minze
2 EL Kokosraspel*

1 Die Himbeeren verlesen, waschen und trocken tupfen. 2 EL Himbeeren abnehmen und zum Garnieren beiseitestellen, die restlichen Himbeeren mit der Kokosmilch und den Haferflocken im Hochleistungsmixer fein pürieren. (Alternativ die Zutaten in einem hohen Rührbecher mit dem Pürierstab mixen. Der Smoothie wird dann allerdings nicht ganz so cremig.)

2 Die Mandeln grob hacken. Die Minze waschen und trocken tupfen. Die Himbeer-Kokos-Masse auf zwei Schalen (Bowls) verteilen und mit den beiseitegestellten Himbeeren, gehackten Mandeln, Kokosraspeln und jeweils 2 Minzeblättern garnieren.

Für 2 Personen • 20 Min. Zubereitung • Pro Portion ca. 375 kcal, 6 g EW, 24 g F, 33 g KH

GREEN-SMOOTHIE-BOWL 🍃

VITAMINREICH

2 Mangos
50 g Blattspinat
½ Avocado
½ Limette
1 Msp. gemahlene Vanille
2 EL Mandeln
2 EL Kokosraspel

1 Die Mangos schälen und halbieren, das Fruchtfleisch erst vom Stein und dann in Würfel schneiden. Den Spinat waschen und trocken tupfen. Die Avocado schälen und grob schneiden. Den Saft der Limette auspressen.

2 Die Hälfte der Mangowürfel, Blattspinat, Avocado, Limettensaft, Vanille und 300 ml kaltes Wasser in den Hochleistungsmixer geben und alles cremig pürieren. (Alternativ die Zutaten in einem hohen Rührbecher mit dem Pürierstab mixen. Der Smoothie wird dann allerdings nicht ganz so cremig.)

3 Die Mandeln grob hacken. Den Smoothie auf zwei Schalen (Bowls) verteilen und die übrigen Mangowürfel darauf anrichten. Zum Servieren mit Kokosraspeln und Mandeln bestreuen.

Für 2 Personen • 25 Min. Zubereitung • Pro Portion ca. 680 kcal, 19 g EW, 56 g F, 23 g KH

HERZHAFTE BREAKFAST-BOWL

GLUTENFREI

2 Eier
60 g bunte Quinoa
180 ml Gemüsebrühe
   (ohne Zuckerzusatz)
200 g Champignons
5 EL Olivenöl
100 g Blattspinat
250 g Kirschtomaten
1 Avocado
3 EL Zitronensaft
2 EL Sprossen (z. B. Rote-Bete-
   oder Brokkolisprossen)
Salz, Pfeffer

TAUSCH-TIPP

Statt des Dressings aus Zitronensaft und Olivenöl können Sie die Bowl auch mit einem Mix aus je 4 EL Mandelmus und Olivenöl, 2 EL Apfelessig und 1 Prise Salz beträufeln. Wer will, weicht noch 1 Dattel (entsteint) ca. 5 Min. in heißem Wasser ein, püriert sie und hebt sie unter das Dressing.

1 Die Eier in einem Topf in reichlich Wasser in 6–9 Min. hart kochen. Anschließend kalt abschrecken, pellen und jeweils der Länge nach halbieren.

2 Inzwischen die Quinoa in ein Sieb geben, abbrausen und abtropfen lassen. Die Brühe in einem Topf aufkochen. Die Quinoa dazugeben und bei mittlerer Hitze in ca. 15 Min. weich garen, dabei zwischendurch umrühren. Die Quinoa in ein Sieb abgießen und abkühlen lassen.

3 Währenddessen die Champignons putzen, bei Bedarf mit einem Tuch abreiben und vierteln. 2 EL Öl in einer Pfanne erhitzen und die Champignons darin ca. 5 Min. anbraten, dabei zwischendurch umrühren. Dann vom Herd nehmen.

4 Den Spinat verlesen und waschen, dann in wenig Wasser kurz dünsten. Danach bei Bedarf in ein Sieb abgießen und abtropfen lassen. Die Tomaten waschen und halbieren. Avocado halbieren und den Kern entfernen, Avocado schälen und in 1–2 cm große Würfel schneiden. Sofort mit 2 EL Zitronensaft beträufeln, damit sich die Avocado nicht bräunlich verfärbt.

5 Aus dem übrigen Öl (3 EL) und Zitronensaft (1 EL) ein Dressing mischen. Zum Servieren Quinoa, Eier, Pilze, Spinat, Tomaten und Avocado nebeneinander in zwei Schalen (Bowls) anrichten und mit dem Dressing beträufeln. Die Sprossen in einem Sieb abbrausen und abtropfen lassen, dann auf den Bowls verteilen und alles mit Salz und Pfeffer würzen.

Für 2 Personen • 15 Min. Zubereitung • 5 Min. Garen • Pro Portion ca. 630 kcal, 14 g EW, 46 g F, 38 g KH

SCHOKO-KOKOS-PORRIDGE

EXOTISCH

FÜR DEN PORRIDGE
2 EL Kokosmus
80 g zarte Haferflocken
40 g Kokosraspel
4 EL rohes Kakaopulver
¼ TL Zimtpulver
 (am besten Ceylon)

FÜR DAS TOPPING
1 Orange
2 EL Kokosraspel
2 EL Kakao-Nibs

PORRIDGE: Das Kokosmus mit 400 ml lauwarmem Wasser so lange im Hochleistungsmixer pürieren, bis eine homogene Kokosmilch entstanden ist. Anschließend die Kokosmilch in einem kleinen Topf zum Kochen bringen.

Die Haferflocken und Kokosraspel dazugeben und alles bei mittlerer Hitze unter Rühren ca. 5 Min. köcheln lassen. Dann Kakaopulver und Zimt hinzufügen und unterrühren.

TOPPING: Inzwischen die Orange mit einem Messer so schälen, dass auch die weiße Haut mit entfernt wird. Die Filets zwischen den Trennwänden herauslösen.

FERTIGSTELLEN: Zum Servieren den Porridge auf zwei Schalen verteilen und mit Orangenfilets, Kokosraspeln und Kakao-Nibs garnieren.

GU CLOU

Kokosmilch aus der Dose enthält oft unerwünschte Zusatzstoffe, daher mache ich meine Kokosmilch gerne selbst. Sie lässt sich ganz einfach herstellen, indem man Kokosmus mit lauwarmem Wasser im Hochleistungsmixer fein püriert. Ich nehme für ca. 500 ml Kokosmilch 2–3 EL Kokosmus.

Für 2 Personen • 15 Min. Zubereitung • Pro Portion ca. 385 kcal, 8 g EW, 16 g F, 50 g KH

BIRNEN-PORRIDGE MIT ZIMT

BALLASTSTOFFREICH

300 ml ungesüßter Haferdrink
80 g zarte Haferflocken
1 reife Birne
1 EL Kokosöl
1 TL Zimtpulver
  (am besten Ceylon)
50 g blaue Weintrauben
2 EL Walnusskerne

1 Den Haferdrink in einem kleinen Topf zum Kochen bringen. Die Haferflocken hinzufügen und darin bei mittlerer Hitze ca. 3 Min. köcheln lassen, dabei ab und zu umrühren.

2 Inzwischen die Birne waschen, vierteln und das Kerngehäuse entfernen. Die Birnenviertel in Stücke schneiden. Das Öl in einer Pfanne erhitzen und die Birnenstücke darin bei mittlerer Hitze 1–2 Min. anbraten. Anschließend mit dem Zimt bestreuen.

3 Zum Servieren die Trauben waschen und nach Belieben halbieren. Den Porridge auf zwei Schalen verteilen und die Birnenstücke, Trauben und Walnüsse darauf anrichten.

Für 2 Personen • 20 Min. Zubereitung • Pro Portion ca. 360 kcal, 8 g EW, 15 g F, 48 g KH

QUINOA-ROSINEN-PORRIDGE

VEGAN

60 g weiße Quinoa
200 ml ungesüßter Haferdrink
100 g Heidelbeeren
4 EL Rosinen
1 TL Zimtpulver
  (am besten Ceylon)
2 EL Mandelmus

1 Für den Porridge die Quinoa in ein Sieb geben, abbrausen und abtropfen lassen. In einem Topf den Haferdrink zum Kochen bringen. Die Quinoa dazugeben und darin bei mittlerer Hitze in ca. 15 Min. weich garen, dabei zwischendurch umrühren.

2 Währenddessen die Heidelbeeren verlesen, waschen und trocken tupfen. Rosinen und Zimt unter die fertig gegarte Quinoa heben.

3 Zum Servieren den Porridge auf zwei Schalen verteilen und die Heidelbeeren und das Mandelmus darauf anrichten.

SMOOTHIES & BOWLS

Für 2 Personen • 15 Min. Zubereitung • 30 Min. Quellen • Pro Portion ca. 300 kcal, 11 g EW, 16 g F, 22 g KH

MANGO-HIMBEER-CHIA-PUDDING

GLUTENFREI

FÜR DEN CHIA-PUDDING

50 g Chia-Samen
400 ml ungesüßter Mandeldrink
1 Msp. gemahlene Vanille
1 Mango
150 g Himbeeren

FÜR DAS TOPPING

1 TL Chia-Samen
1 EL Sonnenblumenkerne
1 EL grüne Kürbiskerne

> **TIPP**
>
> Der Chia-Pudding erhält eine besonders feine Konsistenz, wenn man die Chia-Samen mit dem Mandeldrink zusätzlich noch mit dem Pürierstab fein püriert. Eine gute Idee – vor allem für Menschen, die die Konsistenz der gequollenen Chia-Samen nicht mögen.

CHIA-PUDDING: Die Chia-Samen in einer Schüssel mit dem Mandeldrink und der Vanille verrühren. Den Chia-Pudding mindestens 30 Min., am besten über Nacht, in den Kühlschrank stellen und quellen lassen.

Inzwischen die Mango schälen und halbieren, das Fruchtfleisch erst vom Kern und dann in Würfel schneiden. 2 EL gewürfelte Mango abnehmen und zum Garnieren beiseitestellen, den Rest im Hochleistungsmixer pürieren. Die Himbeeren verlesen, waschen und trocken tupfen. Ebenfalls 2 EL zum Garnieren beiseitestellen, den Rest pürieren.

FERTIGSTELLEN: Den Chia-Pudding und die beiden Fruchtsaucen abwechselnd in zwei Gläser schichten. Mit den beiseitegestellten Mangowürfeln und Himbeeren garnieren und Chia-Samen, Sonnenblumen- und Kürbiskerne darauf verteilen.

*Für 2 Personen • 10 Min. Zubereitung • 8 Std. Auftauen und Quellen (über Nacht) •
Pro Portion ca. 535 kcal, 10 g EW, 36 g F, 39 g KH*

PIÑA-COLADA-OVERNIGHT-OATS

EXOTISCH

*200 g TK-Ananas
(ohne Zucker)
80 g zarte Haferflocken
150 ml Kokosmilch
2 EL Kokosraspel
1 Msp. gemahlene Vanille
4 EL Kokos-Chips*

1 Am Vorabend die TK-Ananasstücke in eine Schüssel geben und über Nacht auftauen lassen. Die Haferflocken mit der Kokosmilch, 150 ml Wasser, den Kokosraspeln und der Vanille verrühren.

2 Die Oats in zwei Gläser füllen und abgedeckt im Kühlschrank ca. 8 Std., am besten über Nacht, quellen lassen.

3 Am nächsten Morgen die Oats mit den Ananasstücken und den Kokos-Chips garniert servieren.

*Für 2 Personen • 15 Min. Zubereitung • 8 Std. Quellen (über Nacht) •
Pro Portion ca. 335 kcal, 10 g EW, 12 g F, 43 g KH*

OVERNIGHT OATS MIT BEEREN

SOMMER-REZEPT

*80 g zarte Haferflocken
300 ml ungesüßter Haferdrink
2 Msp. gemahlene Vanille
½ Bio-Limette
200 g Heidelbeeren
   (frisch oder TK, aufgetaut)
2 EL Joghurt (3,8 % Fett)
20 g Mandeln*

1 Am Vorabend die Haferflocken mit dem Haferdrink und 1 Msp. Vanille verrühren. Die Limette heiß waschen, abtrocknen und die Schale mit einem Zestenreißer in feinen Streifen abziehen, dann den Saft auspressen. Die Beeren verlesen, waschen und trocken tupfen.

2 Von den Heidelbeeren 4 EL zum Garnieren beiseitelegen. Den Rest mit 1 EL Wasser in einem Topf aufkochen. Die übrige 1 Msp. Vanille und den Limettensaft dazugeben und alles bei mittlerer Hitze ca. 3 Min. köcheln lassen. Dann die Heidelbeersauce mit den Oats mischen und auf zwei Gläser verteilen. Die Beeren-Oats abgedeckt im Kühlschrank ca. 8 Std., am besten über Nacht, quellen lassen.

3 Am nächsten Morgen jeweils 1 EL Joghurt über die Oats geben. Die Mandeln grob hacken und die Oats mit Mandeln, beiseitegestellten Heidelbeeren und Limettenzesten garnieren.

Für 2 Personen • 15 Min. Zubereitung • Pro Portion ca. 365 kcal, 9 g EW, 12 g F, 52 g KH

BIRCHERMÜSLI MIT BEEREN-MIX

KLASSIKER

100 g Brombeeren
100 g Rote Johannisbeeren
100 g Erdbeeren
250 ml ungesüßter Haferdrink
80 g zarte Haferflocken
½ kleiner Apfel
1 EL Limettensaft
2 EL Rosinen
1 Msp. gemahlene Vanille
2 EL Haselnusskerne

HALTBARKEITS-TIPP

Sie können das Birchermüsli auch schon für 2 Tage im Voraus zubereiten. Einfach abgedeckt in den Kühlschrank stellen. Zum Verzehr die Beeren jeweils waschen und daraufsetzen.

1 Die Beeren verlesen, waschen und trocken tupfen. Die Hälfte der Beeren (150 g) in einen hohen Rührbecher geben und mit dem Pürierstab fein pürieren. Anschließend den Haferdrink und die Haferflocken unterrühren.

2 Den Apfel waschen, vierteln, entkernen und auf der Gemüsereibe grob raspeln. Sofort den Limettensaft darübergeben, damit sich die Apfelraspel nicht bräunlich verfärben. Anschließend mit dem Müsli vermengen. Zuletzt Rosinen und Vanille dazugeben und unterrühren.

3 Zum Servieren die restlichen Erdbeeren nach Belieben vierteln. Die Haselnüsse fein hacken. Das Müsli auf zwei Schalen verteilen und mit den übrigen Beeren und den gehackten Haselnüssen garnieren.

BROT, BRÖTCHEN & AUFSTRICHE

28 VOLLKORN-TOASTBROT
30 ERDBEERKONFITÜRE
30 NUSS-NUGAT-CREME
31 KOKOS-MANDEL-AUFSTRICH
31 SPEKULATIUSCREME
32 ROSINENBRÖTCHEN
34 KARTOFFELBRÖTCHEN
35 MÜSLIMUFFINS
37 MEHLFREIES BROT
38 ROTE-BETE-BROT MIT NÜSSEN
39 BUCHWEIZEN-KURKUMA-BROT
40 ROTE-BETE FETA-AUFSTRICH
40 FRISCHKÄSE MIT RADIESCHEN
41 APFEL-ZWIEBEL-BUTTER
41 TOMATEN-WALNUSS-AUFSTRICH

Für 1 Kastenform (26 cm Länge; ca. 15 Scheiben) • 20 Min. Zubereitung • 2 Std. 30 Min. Gehen • 40 Min. Backen • Pro Scheibe ca. 120 kcal, 4 g EW, 3 g F, 19 g KH

VOLLKORN-TOASTBROT

VOLLWERT-REZEPT

FÜR DAS KOCHSTÜCK
40 g Vollkorn-Dinkelmehl
½ TL Salz

FÜR DEN HAUPTTEIG
40 ml Milch (3,5 % Fett)
20 g frische Hefe (½ Würfel)
400 g Vollkorn-Dinkelmehl
30 g weiche Butter

AUSSERDEM
Backpapier oder Fett für die Form

GEWUSST WIE
Damit es am Morgen entspannt bleibt, können Sie das Brot auch bereits am Vorabend ansetzen und über Nacht im Kühlschrank das erste Mal gehen lassen. In der Früh den Teig in die Form geben und nochmals ca. 1 Std. gehen lassen, danach das Brot backen.

KOCHSTÜCK: Das Mehl in eine Schüssel sieben und mit dem Salz mischen. 140 ml Wasser in einem kleinen Topf aufkochen. Mehl und Salz hinzufügen und mit einem Schneebesen gründlich unterrühren. Dann die Hitze reduzieren und noch ca. 1 Min. weiterrühren. Anschließend den Topf vom Herd nehmen und das Kochstück ca. 10 Min. abkühlen lassen.

HAUPTTEIG: Inzwischen 140 ml lauwarmes Wasser und die Milch in einer Rührschüssel mischen. Die Hefe dazubröckeln und unter Rühren darin auflösen. Mehl und Butter dazugeben, alles mit den Knethaken des Handrührgeräts verkneten.

GEHEN 1: Das abgekühlte Kochstück mit den Händen unter den Hauptteig in der Schüssel mischen und alles zu einem klebrigen Teig kneten. Den Teig abgedeckt bei Zimmertemperatur ca. 1 Std. 30 Min. gehen lassen. Währenddessen die Kastenform mit Backpapier auslegen oder einfetten.

GEHEN 2: Den Teig in die Form geben und glatt streichen. Den Teig abgedeckt bei Zimmertemperatur nochmals ca. 1 Std. gehen lassen. Den Backofen auf 250° vorheizen.

FERTIGSTELLEN: Das Brot im Ofen (Mitte) erst ca. 10 Min. backen. Anschließend die Backofentemperatur auf 200° reduzieren und das Brot noch ca. 20 Min. weiterbacken. Herausnehmen und aus der Form lösen, dann nochmals ca. 10 Min. ohne die Form backen. Das Brot aus dem Ofen nehmen, mit heißem Wasser bestreichen und abkühlen lassen.

Für 1 Glas (ca. 150 ml Inhalt) • *10 Min. Zubereitung* • *30 Min. Quellen* •
Pro Portion (ca. 20 g) ca. 4 kcal, 0 g EW, 0 g F, 1 g KH

ERDBEER-KONFITÜRE 🍃

GRUNDREZEPT

100 g Erdbeeren (ersatzweise andere Früchte) •
1 EL Flohsamenschalen

1 Die Erdbeeren putzen, waschen und in Stücke schneiden. In einen hohen Rührbecher geben und mit dem Pürierstab fein pürieren. Dann die Flohsamenschalen unterrühren.

2 Die Mischung abgedeckt im Kühlschrank ca. 30 Min. quellen lassen. Anschließend die Konfitüre nochmals pürieren.

3 Die Konfitüre in ein steriles Schraubglas füllen, verschließen und im Kühlschrank aufbewahren. So ist sie 2–3 Tage haltbar.

Für 1 Glas (ca. 400 ml Inhalt) • *20 Min. Zubereitung* • *15 Min. Backen* •
Pro Portion (ca. 20 g) ca. 105 kcal, 2 g EW, 8 g F, 6 g KH

NUSS-NUGAT-CREME 🍃

VOLLWERT-REZEPT

140 g Datteln (entsteint) • *240 g Haselnusskerne* •
4 EL rohes Kakaopulver • *1 Msp. gemahlene Vanille* • *Salz*

1 Den Backofen auf 175° vorheizen. Ein Backblech mit Backpapier auslegen. Die Datteln mit Wasser bedeckt ca. 15 Min. einweichen, dann abgießen. Inzwischen die Nüsse auf dem Blech im Ofen (Mitte) ca. 15 Min. rösten, dabei einmal wenden. Herausnehmen und abkühlen lassen.

2 Datteln, Nüsse, Kakao, Vanille, 1 Prise Salz und 100 ml Wasser im Hochleistungsmixer fein pürieren. (Dabei zwischendurch Pausen einlegen und die Creme von den Seiten des Mixers schaben – es kann bis zu 45 Min. dauern.)

3 Die Creme in ein steriles Schraubglas füllen, verschließen und im Kühlschrank aufbewahren. So ist sie ca. 2 Monate haltbar.

*Für 1 Glas (ca. 400 ml Inhalt) • 15 Min. Zubereitung •
Pro Portion (ca. 20 g) ca. 95 kcal, 1 g EW, 9 g F, 1 g KH*

*Für 1 Glas (ca. 400 ml Inhalt) • 5 Min. Zubereitung •
15 Min. Einweichen •
Pro Portion (ca. 20 g) ca. 105 kcal, 3 g EW, 7 g F, 8 g KH*

KOKOS-MANDEL-AUFSTRICH 🍃

SCHNELL

*250 g Kokosraspel • 1 TL Kokosöl (nach Bedarf) •
50 g helles Mandelmus • 1 Msp. gemahlene
Vanille • Salz*

1 Die Kokosraspel nach und nach in den Hochleistungsmixer geben und cremig mixen. Dabei auf mittlerer Stufe erst ca. 30 Sek. mixen, dann kurz warten und erneut mixen. (Durch die Pausen läuft das Mahlwerk nicht heiß.)

2 Sobald die Kokosraspel fein zerkleinert sind, beginnen sie sich zu einem Mus zu verbinden. Das Mus immer wieder von den Seiten des Mixers schaben. Falls die Konsistenz nicht cremig genug ist, das Kokosöl dazugeben.

3 Das Kokosmus mit Mandelmus, Vanille und 1 Prise Salz gründlich verrühren. Den Aufstrich in ein steriles Glas füllen, verschließen und im Kühlschrank aufbewahren. So hält er ca. 2 Monate.

SPEKULATIUS-CREME 🍃

WINTER-REZEPT

*80 g Datteln (entsteint) • 300 g Cashewmus •
1 EL Spekulatiusgewürz • 1 Msp. gemahlene
Vanille*

1 Die Datteln in einer Schüssel mit Wasser bedecken und ca. 15 Min. einweichen. Dann abgießen.

2 Die Datteln mit Cashewmus, Spekulatiusgewürz und Vanille in den Hochleistungsmixer geben und alles so lange pürieren, bis eine feine Creme entstanden ist.

3 Die Spekulatiuscreme in ein steriles Schraubglas füllen, verschließen und im Kühlschrank aufbewahren. So ist sie ca. 2 Monate haltbar.

1

2

3

ROSINENBRÖTCHEN

KLASSIKER

4

5

6

Für 1 Springform (⌀ 26 cm; 12 Stück) • 30 Min. Zubereitung • 1 Std. 30 Min. Gehen • 30 Min. Backen • Pro Stück ca. 235 kcal, 9 g EW, 6 g F, 37 g KH

FÜR DEN TEIG

20 g frische Hefe (½ Würfel)
600 g Vollkorn-Weizenmehl
1 TL Salz
50 g weiche Butter
200 g Magerquark
100 g Rosinen
1 Eigelb (M)

AUSSERDEM

Backpapier und Fett für die Form
Mehl zum Arbeiten

GEWUSST WIE

Wer will, kann den Teig auch abgedeckt über Nacht im Kühlschrank gehen lassen. Am nächsten Morgen dann nur durchkneten, Brötchen formen und noch ca. 30 Min. gehen lassen. Und ab in den Ofen!

1 Für den Teig 250 ml lauwarmes Wasser in eine Rührschüssel gießen. Die Hefe hineinbröckeln und unter Rühren im Wasser vollständig auflösen (Bild 1). Mehl und Salz mischen und mit weicher Butter und Quark zum Hefewasser hinzufügen. Alles mit den Knethaken des Handrührgeräts zu einem glatten Teig verkneten (Bild 2).

2 Den Teig mit einem sauberen Küchentuch abgedeckt an einem warmen Ort ca. 1 Std. gehen lassen (Bild 3). Inzwischen den Boden der Springform mit Backpapier auslegen und die Ränder einfetten.

3 Den Teig mit bemehlten Händen nochmals durchkneten, dabei die Rosinen einarbeiten. Dann den Teig in zwölf Portionen teilen, jede Portion mit den Händen zu einer Kugel formen und eng nebeneinander in die Springform setzen (Bild 4). Die Brötchen abgedeckt nochmals ca. 30 Min. gehen lassen. Den Backofen auf 200° vorheizen.

4 Das Eigelb mit einer Gabel in einer kleinen Schüssel verquirlen. Die Brötchen mit dem Eigelb bestreichen (Bild 5) und im Ofen (Mitte) in ca. 30 Min. goldbraun backen. Dann herausnehmen, kurz abkühlen lassen und aus der Form lösen (Bild 6).

*Für 6 Stück • 30 Min. Zubereitung • 1 Std. 15 Min. Gehen • 25 Min. Backen •
Pro Stück ca. 365 kcal, 14 g EW, 6 g F, 61 g KH*

KARTOFFELBRÖTCHEN

VEGAN

300 g mehligkochende Kartoffeln
20 g frische Hefe (½ Würfel)
500 g Vollkorn-Dinkelmehl
1 TL Salz
2 EL Olivenöl

AUSSERDEM
Mehl zum Arbeiten

1 Die Kartoffeln waschen, schälen, grob würfeln und in Wasser 10–12 Min. vorgaren. Dann abgießen, dabei 300 ml Kartoffelwasser auffangen. Ausdampfen und abkühlen lassen, anschließend in einer Rührschüssel zerstampfen. Ein Backblech mit Backpapier auslegen.

2 Hefe in das lauwarme Kartoffelkochwasser bröseln und unter Rühren darin auflösen, zum Kartoffelstampf geben. Mehl und Salz mit dem Öl ebenfalls hinzufügen und alles mit den Knethaken des Handrührgeräts glatt verarbeiten. Den Teig abgedeckt an einem warmen Ort ca. 1 Std. ruhen lassen. Den Backofen auf 230° vorheizen.

3 Den Teig in sechs Stücke teilen und jedes Teigstück mit bemehlten Händen zu einer Kugel formen. Auf das Blech setzen, nochmals ca. 15 Min. gehen lassen. Die Brötchen kreuzweise einschneiden. Eine ofenfeste Schale mit Wasser in den Ofen stellen und die Brötchen im Ofen (Mitte) ca. 25 Min. backen. Herausnehmen und abkühlen lassen.

*Für 1 12er-Muffinform • 15 Min. Zubereitung • 20 Min. Gehen • 30 Min. Backen •
Pro Stück ca. 185 kcal, 6 g EW, 6 g F, 25 g KH*

MÜSLIMUFFINS

GUT VORZUBEREITEN

*2 EL Apfelessig
10 g frische Hefe (¼ Würfel)
140 g kernige Haferflocken
220 g Vollkorn-Dinkelmehl
4 EL Sonnenblumenkerne
4 EL Kürbiskerne
100 g Rosinen
Salz
1 EL Zimtpulver
 (am besten Ceylon)*

AUSSERDEM
Fett für die Form

1 Den Essig mit 400 ml lauwarmem Wasser in eine Rührschüssel gießen. Die Hefe hineinbröckeln und unter Rühren im Essigwasser auflösen. 100 g Haferflocken, Dinkelmehl, Sonnenblumenkerne, Kürbiskerne, Rosinen, 1 Prise Salz und Zimt zum Hefewasser hinzufügen. Alles mit den Knethaken des Handrührgeräts zu einem glatten, flüssigen Teig verarbeiten.

2 Den Teig abgedeckt an einem warmen Ort ca. 20 Min. gehen lassen. Den Backofen auf 200° vorheizen. Die Mulden der Muffinform einfetten.

3 Den Teig mithilfe eines Esslöffels in die Mulden der Muffinform füllen. Die Muffins mit den restlichen Haferflocken bestreuen und im Ofen (Mitte) in ca. 30 Min. goldbraun backen. Dann herausnehmen, kurz abkühlen lassen und aus der Form lösen.

BROT, BRÖTCHEN & AUFSTRICHE

Für 1 Kastenform (26 cm Länge; ca. 15 Scheiben) • 20 Min. Zubereitung • 15 Min. Ruhen • 1 Std. Backen • Pro Scheibe ca. 185 kcal, 7 g EW, 13 g F, 8 g KH

MEHLFREIES BROT

BALLASTSTOFFREICH

140 g Sonnenblumenkerne
40 g Kürbiskerne
145 g zarte Haferflocken
90 g geschrotete Leinsamen
5 EL Flohsamenschalen
1 TL Salz
70 g Walnusskerne
3 EL Kokosöl

AUSSERDEM
Backpapier oder Fett für die Form

1 Den Backofen auf 200° vorheizen. Die Kastenform mit Backpapier auslegen oder einfetten.

2 Die Sonnenblumenkerne, Kürbiskerne, Haferflocken, Leinsamen, Flohsamenschalen und das Salz in einer Rührschüssel vermengen. Die Walnusskerne grob hacken und zum Saaten-Flocken-Mix hinzufügen.

3 Das Kokosöl in einem kleinen Topf so lange erwärmen, bis es flüssig ist. Dann mit den anderen Zutaten mischen und 350 ml lauwarmes Wasser dazugeben. Alles mit einem Kochlöffel verrühren und in die Kastenform geben. Den Teig etwas festdrücken und glatt streichen, dann ca. 15 Min. ruhen lassen.

4 Anschließend das Brot im Ofen (Mitte) ca. 30 Min. backen. Das Brot herausnehmen, aus der Form lösen und in 20–30 Min. fertig backen. Aus dem Ofen nehmen und auf einem Kuchengitter auskühlen lassen.

GU CLOU

Dieses Brot kommt ohne Mehl aus, die Nüsse und Kerne halten hier durch die geschroteten Leinsamen und Flohsamenschalen zusammen. Beide quellen dank des Wassers auf und verleihen dem Brot eine feste Konsistenz. Deshalb ist die Ruhezeit für das mehlfreie Brot besonders wichtig.

Für 1 Kastenform (26 cm Länge; ca. 15 Scheiben) • 10 Min. Zubereitung • 1 Std. Backen •
Pro Scheibe ca. 200 kcal, 7 g EW, 7 g F, 25 g KH

ROTE-BETE-BROT MIT NÜSSEN

EINFACH

500 g Vollkorn-Dinkelmehl
1 Pck. Trockenhefe
1 TL Salz
500 ml Rote-Bete-Saft
1 EL Apfelessig
150 g Walnusskerne

AUSSERDEM
Fett und Mehl für die Form
   oder Backpapier

1 Die Kastenform einfetten und mit Mehl ausstäuben (alternativ die Form mit Backpapier auslegen). Das Dinkelmehl mit Trockenhefe und Salz mischen. Den Rote-Bete-Saft und den Apfelessig dazugeben und alles mit den Knethaken des Handrührgeräts zu einem glatten Teig verarbeiten. Zuletzt die Nüsse untermischen.

2 Den Teig in die Form geben und glatt streichen. Die Form in den kalten Backofen (Mitte) stellen und den Backofen auf 200° erhitzen. Das Brot ca. 1 Std. backen. (Durch das langsame Erwärmen des Backofens geht der Teig schön auf und muss nicht vorher gehen.)

3 Mit der Stäbchenprobe überprüfen, ob das Brot fertig ist: Dazu mit einem Holzspieß in das Brot stechen, bleiben beim Herausziehen Teigreste daran kleben, ist es noch nicht fertig. Dann nochmals ca. 5 Min. backen. Das fertige Brot aus dem Ofen nehmen, auf einem Kuchengitter abkühlen lassen und aus der Form lösen.

*Für 1 Kastenform (26 cm Länge; ca. 15 Scheiben) • 10 Min. Zubereitung • 50 Min. Backen •
Pro Scheibe ca. 180 kcal, 7 g EW, 6 g F, 25 g KH*

BUCHWEIZEN-KURKUMA-BROT

GLUTENFREI

500 g Vollkorn-Buchweizenmehl
150 g Sonnenblumenkerne
½ TL Salz
1 EL Brotgewürz
1 TL gemahlene Kurkuma
1 Pck. Trockenhefe
2 EL Apfelessig

AUSSERDEM
Fett und Mehl für die Form oder Backpapier

1 Die Kastenform einfetten und mit Mehl ausstäuben (alternativ die Form mit Backpapier auslegen).

2 Das Mehl mit Sonnenblumenkernen, Salz, Brotgewürz, Kurkuma und Trockenhefe in einer Rührschüssel mischen. 500 ml lauwarmes Wasser und den Essig dazugeben und alles mit den Knethaken des Handrührgeräts zu einem glatten Teig verarbeiten.

3 Den Teig in die Form geben und glatt streichen. Die Form in den kalten Backofen (Mitte) stellen und den Backofen auf 200° erhitzen. Das Brot ca. 50 Min. backen. (Durch das langsame Erwärmen des Backofens geht der Teig schön auf und muss nicht vorher gehen.)

4 Anschließend das Brot aus dem Ofen nehmen, auf einem Kuchengitter abkühlen lassen und aus der Kastenform lösen.

Für 10 Portionen • 10 Min. Zubereitung • 45 Min. Garen • Pro Portion ca. 130 kcal, 5 g EW, 10 g F, 4 g KH

ROTE-BETE-FETA-AUFSTRICH

HERBST-REZEPT

250 g Rote Beten (ersatzweise gegarte Rote Beten, vakuumverpackt) • 4 Zweige Thymian • 200 g Schafskäse (z. B. Feta) • 50 g Sonnenblumenkerne • 40 ml Olivenöl • Salz, Pfeffer

1 Die Roten Beten waschen, in Stücke schneiden und zugedeckt in einem Topf in wenig Wasser in ca. 45 Min. weich garen. Anschließend abgießen und abkühlen lassen. Inzwischen die Thymianzweige waschen, trocken tupfen und die Blätter abzupfen.

2 Die Roten Beten mit Feta, Sonnenblumenkernen und Öl im Hochleistungsmixer pürieren. Zum Servieren mit Thymian bestreuen und mit Salz und Pfeffer würzen. Der Aufstrich hält sich im Kühlschrank ca. 3 Tage.

Für 10 Portionen • 10 Min. Zubereitung • Pro Portion ca. 55 kcal, 1 g EW, 5 g F, 1 g KH

FRISCHKÄSE MIT RADIESCHEN

EINFACH

8 Radieschen • ¼ Bund Schnittlauch • 200 g Frischkäse (Doppelrahmstufe) • Salz, Pfeffer

1 Die Radieschen putzen, waschen und in möglichst feine Würfel schneiden. Den Schnittlauch waschen und trocken tupfen, anschließend in feine Röllchen schneiden.

2 Die Radieschenwürfel und die Schnittlauchröllchen in einer kleinen Schüssel mit dem Frischkäse gründlich verrühren. Die Mischung mit Salz und Pfeffer würzen. Der Frischkäse hält sich im Kühlschrank ca. 3 Tage.

Für 10 Portionen • 10 Min. Zubereitung •
Pro Portion ca. 105 kcal, 1 g EW, 10 g F, 2 g KH

Für 10 Portionen • 10 Min. Zubereitung •
Pro Portion ca. 70 kcal, 2 g EW, 5 g F, 2 g KH

APFEL-ZWIEBEL-BUTTER 🍃

FÜR GÄSTE

1 Zwiebel • 1 kleiner Apfel • 100 g weiche Butter • 40 g Sonnenblumenkerne • Salz, Pfeffer

1 Die Zwiebel schälen und in feine Würfel schneiden. Den Apfel waschen, vierteln, entkernen und in kleine Stücke schneiden.

2 In einer Pfanne 1 EL Butter zerlassen und Zwiebelwürfel und Apfelstücke darin mit den Sonnenblumenkernen ca. 5 Min. braten. Dabei zwischendurch umrühren, anschließend vom Herd nehmen und abkühlen lassen.

3 Den Zwiebel-Apfel-Mix mit der restlichen Butter in einem hohen Rührecher mit dem Pürierstab fein pürieren und mit Salz und Pfeffer würzen. Die Butter hält sich im Kühlschrank 5–7 Tage.

TOMATEN-WALNUSS-AUFSTRICH 🍃

VEGAN

80 g Walnusskerne • 70 g getrocknete Tomaten (in Öl) • ½ Bund glatte Petersilie • 50 g Tomatenmark • 1 EL Kräuter der Provence • Salz, Pfeffer

1 Die Walnusskerne fein hacken. Die getrockneten Tomaten abtropfen lassen und grob in Stücke schneiden. Die Petersilie waschen, trocken tupfen, die Blätter abzupfen und fein hacken.

2 Die Nüsse mit den Tomaten und dem Tomatenmark im Hochleistungsmixer pürieren. Die Petersilie unterheben und den Aufstrich mit Kräutern der Provence, Salz und Pfeffer würzen. Der Aufstrich hält sich im Kühlschrank 5–7 Tage.

AUS OFEN, PFANNE & CO.

44 PANCAKES MIT JOGHURT UND BEEREN

46 BRATAPFELAUFLAUF

49 BANANA SPLIT MIT JOGHURT UND GRANOLA

50 BANANA BREAD MUFFINS

51 GRIECHISCHE RÜHREI-MUFFINS

52 CRÊPES MIT HIMBEERQUARK

54 SÜSSKARTOFFELWAFFELN MIT SPINAT UND EI

57 SHAKSHUKA

58 CHAMPIGNON-REIS-RÜHREI

59 OMELETT MIT RÄUCHERLACHS

Für 2 Personen • 25 Min. Zubereitung • 30 Min. Auftauen • Pro Portion ca. 495 kcal, 14 g EW, 14 g F, 75 g KH

PANCAKES MIT JOGHURT UND BEEREN

FRUCHTIG

FÜR DIE BEEREN
150 g TK-Himbeeren
50 g frische Himbeeren
50 g Erdbeeren
50 g Heidelbeeren

FÜR DIE PANCAKES
150 g zarte Haferflocken
½ TL Backpulver
1 reife Banane
300 ml ungesüßter Haferdrink
1 EL Kokosöl

AUSSERDEM
2 EL Joghurt (3,5 % Fett)

BEEREN: Die TK-Himbeeren ca. 30 Min. auftauen lassen. Inzwischen frische Himbeeren, Erdbeeren und Heidelbeeren verlesen, waschen und trocken tupfen. Die Erdbeeren nach Belieben längs halbieren oder vierteln.

PANCAKES: Die Haferflocken im Hochleistungsmixer zu Mehl mahlen und mit dem Backpulver mischen. Die Banane schälen, grob würfeln und mit dem Haferdrink ebenfalls im Hochleistungsmixer fein pürieren. Den Bananen-Haferdrink-Mix zu den trockenen Zutaten geben und alles mit den Rührbesen des Handrührgeräts glatt verrühren.

In zwei großen beschichteten Pfannen je ½ EL Kokosöl erhitzen. Nach und nach mit ausreichend Abstand zueinander 4-mal 2 EL Teig in jede Pfanne geben, sodass acht Pancakes entstehen. Die Pancakes bei mittlerer Hitze auf jeder Seite in 3–5 Min. goldbraun backen.

FERTIGSTELLEN: Die aufgetauten TK-Himbeeren in einen hohen Rührbecher geben und mit dem Pürierstab fein pürieren. Zum Servieren die Pancakes auf einem Teller stapeln. Die Himbeersauce und den Joghurt darübergeben. Mit den frischen Beeren garnieren.

Für 2 Personen • 5 Min. Zubereitung • 20 Min. Backen • Pro Portion ca. 450 kcal, 7 g EW, 30 g F, 34 g KH

BRATAPFELAUFLAUF

WINTER-REZEPT

*1 kleiner säuerlicher Apfel
    (z. B. Boskop)
1 EL Kokosöl
½ TL Zimtpulver
    (am besten Ceylon)
60 g zarte Haferflocken
50 g Apfelmark
1 Msp. gemahlene Vanille
200 ml ungesüßter Haferdrink
2 EL Mandelblättchen
50 g Sahne*

AUSSERDEM
Fett für die Form

TAUSCH-TIPP
Sie können diesen Auflauf auch mit anderem Obst zubereiten – ganz nach Lust und Laune. Statt Äpfeln eignen sich genauso Birnen, Zwetschgen oder gemischte TK-Beeren.

1 Den Backofen auf 175° vorheizen. Eine kleine Auflaufform (ca. 20 × 15 cm) einfetten. Den Apfel waschen, vierteln, entkernen und in Stücke schneiden. Das Kokosöl in einer Pfanne erhitzen und die Apfelstücke darin 2–3 Min. anbraten. Den Zimt darüberstreuen.

2 Die Apfelstücke in eine Rührschüssel geben und mit Haferflocken, Apfelmark, Vanille und Haferdrink gründlich mischen. Die Mischung in der Auflaufform gleichmäßig verteilen.

3 Den Auflauf im Ofen (Mitte) ca. 20 Min. backen. Dabei nach 7–8 Min. den Auflauf aus dem Ofen nehmen, mit den Mandelblättchen gleichmäßig bestreuen und im Ofen fertig backen.

4 Den Auflauf aus dem Ofen nehmen und kurz abkühlen lassen. Inzwischen die Sahne steif schlagen. Den Auflauf auf Teller verteilen und mit der Sahne garnieren.

Für 2 Personen • 10 Min. Zubereitung • 10 Min. Backen • Pro Portion ca. 315 kcal, 7 g EW, 18 g F, 31 g KH

BANANA SPLIT MIT JOGHURT UND GRANOLA

BALLASTSTOFFREICH

FÜR DAS GRANOLA

40 g Cashewkerne
30 g Kokosöl
40 g Mandeln
30 g Sonnenblumenkerne
40 g Buchweizen
10 g gepuffte Quinoa
20 g Kokosraspel
Salz

AUSSERDEM

2 Bananen
40 g Heidelbeeren
6 EL griechischer Joghurt (10 % Fett)

DEKO-TIPP

Das Granola hält sich gut verschlossen ca. 3 Monate und passt als Topping auch sehr gut zu Joghurt, Porridge, Overnight Oats oder Obstsalaten. Jeweils 2–3 EL über das Gericht geben.

GRANOLA: Den Backofen auf 175° vorheizen. Ein Backblech mit Backpapier auslegen. Die Cashewkerne grob hacken. Das Kokosöl in einem Topf erwärmen, bis es flüssig ist. Dann mit Cashewkernen, Mandeln, Sonnenblumenkernen, Buchweizen, gepuffter Quinoa, Kokosraspeln und 1 Prise Salz mischen.

Das Granola auf dem Backblech verteilen und im Ofen (Mitte) ca. 10 Min. backen. Das Blech aus dem Ofen nehmen und das Granola vollständig abkühlen lassen. Es wird erst richtig knusprig, wenn es vollständig abgekühlt ist. Das Granola zum Aufbewahren in ein Schraubglas füllen und gut verschließen.

FERTIGSTELLEN: Die Bananen schälen und längs halbieren. Die Heidelbeeren verlesen, waschen und trocken tupfen. Jeweils 2 Bananenhälften auf einem Teller anrichten. Zum Servieren jeweils 3 EL Joghurt darübergeben und mit 3 EL Granola und den Heidelbeeren bestreuen. (Das übrige Granola reicht für weitere 6 Portionen.)

Für 1 12er-Muffinform • 10 Min. Zubereitung • 30 Min. Backen • Pro Stück ca. 245 kcal, 5 g EW, 13 g F, 27 g KH

BANANA BREAD MUFFINS

VOLLWERT-REZEPT

60 g Kokosöl
3 reife Bananen
80 g Trockenpflaumen
100 g Walnusskerne und
    12 Kernhälften zum Garnieren (nach Belieben)
200 g Vollkorn-Dinkelmehl
100 g kernige Haferflocken
1 TL Backpulver
1 TL Zimtpulver
    (am besten Ceylon)
1 Msp. gemahlene Vanille
Salz

AUSSERDEM
Fett für die Form

1 Den Backofen auf 175° vorheizen. Die Mulden der Muffinform einfetten. Das Kokosöl in einem kleinen Topf erwärmen, bis es flüssig ist. Die Bananen schälen und grob würfeln. Mit den Trockenpflaumen und 120 ml Wasser im Hochleistungsmixer pürieren. Die Walnusskerne klein hacken.

2 Das Mehl mit Haferflocken, Backpulver, Zimt, Vanille und 1 Prise Salz in einer Rührschüssel mischen. Bananen-Mix und Kokosöl hinzufügen und alles mit den Knethaken des Handrührgeräts zu einem glatten Teig verrühren. Zuletzt die Walnüsse untermischen.

3 Den Teig mithilfe eines Esslöffels in die Mulden der Muffinform füllen. Nach Belieben jeweils 1 Walnusshälfte auf jeden Muffin setzen. Die Muffins im Ofen (Mitte) ca. 30 Min. backen. Herausnehmen, kurz abkühlen lassen und aus der Form lösen.

Für 1 6er-Muffinform • 15 Min. Zubereitung • 30 Min. Backen • Pro Stück ca. 165 kcal, 9 g EW, 12 g F, 4 g KH

GRIECHISCHE RÜHREI-MUFFINS

GUT VORZUBEREITEN

1 rote Zwiebel
½ rote Paprika
30 g schwarze Oliven (entsteint)
100 g Schafskäse (z. B. Feta)
½ Bund glatte Petersilie
5 Eier (M)
Salz, Pfeffer

AUSSERDEM

1 EL weiche Butter und 2 EL Vollkorn-Dinkelmehl für die Form

1 Den Backofen auf 175° vorheizen. Die Mulden der Muffinform mit Butter einfetten und mit Mehl ausstäuben (alternativ nur sechs Mulden einer 12er-Muffinform verwenden).

2 Die Zwiebel schälen und in kleine Würfel schneiden. Die Paprika waschen, weiße Trennwände und Kerne entfernen und die Hälften klein würfeln. Die Oliven halbieren, den Feta zerbröseln. Die Petersilie waschen, trocken tupfen, die Blätter abzupfen und fein hacken.

3 Die Eier in einer Rührschüssel verquirlen und Zwiebel, Paprika, Oliven, Feta und Petersilie hinzufügen. Alles vermengen und mit Salz und Pfeffer würzen. Die Eiermasse gleichmäßig in den sechs Mulden verteilen. Die Muffins im Ofen (Mitte) 25–30 Min. backen. Anschließend die Form herausnehmen und ca. 10 Min. abkühlen lassen, dann die Muffins aus der Form lösen.

Für 2 Personen • 30 Min. Zubereitung • Pro Portion ca. 590 kcal, 22 g EW, 39 g F, 33 g KH

CRÊPES MIT HIMBEERQUARK

FÜR GÄSTE

FÜR DEN TEIG
15 g Butter
75 g Vollkorn-Dinkelmehl
Salz
150 ml Milch (3,5 % Fett)
50 g Sahne
1 Ei (M)

FÜR DIE FÜLLUNG
125 g Magerquark
2 TL Zitronensaft
125 g Himbeeren
50 g Sahne

AUSSERDEM
Öl zum Ausbacken

TAUSCH-TIPP
Anstelle der Himbeerquarkcreme können Sie die Crêpes auch herzhaft füllen – zum Beispiel mit geräuchertem Lachs, Frischkäse und Dillspitzen.

TEIG: Die Butter in einem Topf bei niedriger Hitze zerlassen, dann vom Herd nehmen. Inzwischen das Dinkelmehl mit dem Salz mischen. Milch und Sahne in eine Rührschüssel geben und mit dem Ei verquirlen. Mehl und Salz dazugeben. Die zerlassene Butter ebenfalls hinzufügen und alles mit einem Schneebesen verrühren.

FÜLLUNG: Den Quark mit dem Zitronensaft verrühren. Falls die Konsistenz zu fest ist, noch etwas Wasser unterrühren. Die Himbeeren verlesen, waschen und trocken tupfen. Die Hälfte der Himbeeren zum Garnieren beiseitelegen, den Rest zur Quarkcreme geben und alles gut verrühren (wer will, kann die Mischung auch pürieren). Zuletzt die Sahne steif schlagen und unter die Füllung heben.

CRÊPES BACKEN: In einer großen beschichteten Pfanne wenig Öl erhitzen. Nach und nach den Teig mit einer Schöpfkelle in die Pfanne geben und dünn verteilen. Vier Crêpes bei mittlerer Hitze auf jeder Seite in 2–3 Min. goldbraun braten. Anschließend herausnehmen und auf einen Teller geben.

FERTIGSTELLEN: Zum Servieren die Crêpes mit Füllung bestreichen, zusammenklappen und je zwei Crêpes auf zwei Teller setzen. Mit den beiseitegelegten Himbeeren garnieren.

SÜSSKARTOFFELWAFFELN MIT SPINAT UND EI

FÜR GÄSTE

Für 2 Personen • 45 Min. Zubereitung • Pro Portion ca. 820 kcal, 29 g EW, 47 g F, 68 g KH

FÜR DIE WAFFELN
1 kleine Süßkartoffel (ca. 400 g)
2 Eier (M)
60 g Vollkorn-Dinkelmehl
½ TL frisch geriebene Muskatnuss
Salz

FÜR DIE HOLLANDAISE
60 g Cashewmus
1 TL mittelscharfer Senf
1 TL Zitronensaft
¼ TL gemahlene Kurkuma
Salz, Pfeffer

AUSSERDEM
100 g Blattspinat
2 EL Olivenöl
2 Eier (M)
Salz, Pfeffer
Fett für das Waffeleisen

WAFFELN: Die Süßkartoffel schälen und in kleine Stücke schneiden (Bild 1). In einem kleinen Topf zugedeckt in wenig Wasser in ca. 15 Min. weich garen. Anschließend abgießen und abkühlen lassen. Die Süßkartoffel zerstampfen. Die Eier in einer Rührschüssel mit dem Süßkartoffelpüree, Mehl, Muskatnuss und 1 Prise Salz zu einem Teig vermengen (Bild 2).

Den Blattspinat verlesen, waschen und in einem Topf in ca. 5 Min. zusammenfallen lassen (Bild 3). Vom Herd nehmen. Währenddessen das Öl in einer beschichteten Pfanne erhitzen und die Eier darin zu Spiegeleiern braten. Beides mit Salz und Pfeffer würzen.

WAFFELN BACKEN: Das Waffeleisen auf höchster Stufe erhitzen und einfetten. Aus dem Teig je nach Form des Waffeleisens vier Waffeln goldbraun ausbacken (Bild 4). Dabei die fertige(n) Waffel(n) jeweils herausnehmen und auf einem Teller beiseitestellen.

HOLLANDAISE: Für die Hollandaise das Cashewmus mit Senf, Zitronensaft, 2 EL Wasser und der Kurkuma gründlich verrühren und mit Salz und Pfeffer würzen (Bild 5).

FERTIGSTELLEN: Zum Servieren jeweils eine Waffel auf einen Teller legen, erst den Spinat daraufgeben, dann 1 Spiegelei daraufsetzen. Mit der Hollandaise beträufeln und zuletzt eine zweite Waffel als »Deckel« daraufsetzen (Bild 6).

Für 2 Personen • 20 Min. Zubereitung • Pro Portion ca. 415 kcal, 24 g EW, 30 g F, 11 g KH

SHAKSHUKA 🌿

LOW CARB

1 rote Zwiebel
1 rote Spitzpaprika
½ rote Chilischote
1 EL Olivenöl
400 g stückige Tomaten
  (aus der Dose)
½ TL edelsüßes Paprikapulver
Salz, Pfeffer
4 Eier
½ Bund glatte Petersilie
50 g Schafskäse (z. B. Feta)
30 g heller Sesam

DAZU PASST

Zur Shakshuka passt am besten je 1 Scheibe Brot pro Portion – auch wenn das Gericht dann nicht mehr Low Carb ist.

1 Die Zwiebel schälen und fein würfeln. Paprika und Chili waschen, jeweils halbieren, weiße Trennwände und Kerne entfernen. Beides in kleine Stücke schneiden. Das Öl in einer Pfanne erhitzen und die Zwiebelwürfel darin glasig dünsten. Dann Paprika und Chili dazugeben und kurz mitdünsten.

2 Die Tomaten hinzufügen, Paprikapulver, Salz und Pfeffer unterrühren und alles erhitzen. Mit einem Löffel vier Mulden in die Sauce drücken und jeweils 1 Ei hineinschlagen. Die Eier zugedeckt bei sehr niedriger Hitze in 5–10 Min. in der Sauce stocken lassen. Dabei darauf achten, dass die Sauce nicht am Pfannenboden anbrennt.

3 Inzwischen die Petersilie waschen, trocken tupfen und die Blätter abzupfen. Den Feta zerkrümeln. Sobald die Eier gestockt sind, die Shakshuka mit Feta, Petersilie und Sesam bestreuen und in der Pfanne servieren.

Für 2 Personen • 45 Min. Zubereitung • Pro Portion ca. 665 kcal, 22 g EW, 49 g F, 34 g KH

CHAMPIGNON-REIS-RÜHREI

GLUTENFREI

80 g Jasmin-Reis
250 g Champignons
4 EL Olivenöl
4 Eier (M)
100 g Sahne
Salz, Pfeffer
½ TL frisch geriebene Muskatnuss
2 EL Schnittlauchröllchen zum Garnieren (nach Belieben)

1 Den Reis in einem Topf in 300 ml Wasser zugedeckt in ca. 30 Min. weich garen. Dann in ein Sieb abgießen und abtropfen lassen.

2 Inzwischen die Champignons putzen, bei Bedarf mit einem Tuch abreiben und in dünne Scheiben schneiden. 2 EL Öl in einer beschichteten Pfanne erhitzen und die Pilze darin 2–3 Min. anbraten, dann vom Herd nehmen.

3 Die Eier mit der Sahne in einen hohen Rührbecher geben, gründlich verquirlen und mit 1 TL Salz, Pfeffer und Muskatnuss würzen. Den Reis und die Pilze unterheben.

4 Das übrige Öl in einer beschichteten Pfanne erhitzen, die Eier-Reis-Mischung hineingeben und darin bei mittlerer Hitze ca. 5 Min. braten. Dabei zwischendurch umrühren. Zum Servieren das Rührei auf zwei Teller verteilen und nach Belieben mit Schnittlauch bestreuen.

Für 2 Personen • 10 Min. Zubereitung • Pro Portion ca. 370 kcal, 25 g EW, 30 g F, 1 g KH

OMELETT MIT RÄUCHERLACHS

SCHNELL

2 Stängel Dill
60 g Blattspinat
75 g geräucherter Lachs
4 Eier (M)
Salz, Pfeffer
frisch geriebene Muskatnuss
2 EL Olivenöl

1 Den Dill waschen, trocken tupfen und die Spitzen abzupfen. Einige Dillspitzen zum Garnieren beiseitelegen, den Rest fein hacken. Den Spinat verlesen, waschen und trocken schleudern. Den Räucherlachs in feine Streifen schneiden.

2 Die Eier in einen hohen Rührbecher geben, gut verquirlen und mit Salz, Pfeffer und Muskatnuss würzen. Den Dill unterrühren.

3 Das Öl in einer beschichteten Pfanne erhitzen, die Eiermischung hineingeben und offen bei mittlerer Hitze in ca. 3 Min. stocken lassen. Das Omelett aus der Pfanne auf einen Teller gleiten lassen.

4 Auf eine Hälfte des Omeletts Blattspinat und Räucherlachs setzen und das Omelett zusammenklappen. Zum Servieren das gefüllte Omelett halbieren und jeweils eine Hälfte auf einen Teller setzen, mit den beiseitegelegten Dillspitzen garnieren.

REGISTER

Vegetarische Rezepte, die im Buch mit einem ◊ gekennzeichnet sind, sind hier grün abgesetzt.

A
Ananas
Grüner Smoothie 11
Piña-Colada-Overnight-Oats 22
Apfel
Apfel-Zwiebel-Butter 41
Birchermüsli mit Beeren-Mix 25
Bratapfelauflauf 46

B
Bananen
Banana Bread Muffins 50
Banana Split mit Joghurt und Granola 49
Bananen-Erdnuss-Smoothie 11
Kaffee-Bananen-Smoothie 8
KiBa-Smoothie 10
Pancakes mit Joghurt und Beeren 44
Salted Caramel Smoothie 9
Beeren
Banana Split mit Joghurt und Granola 49
Birchermüsli mit Beeren-Mix 25
Crêpes mit Himbeerquark 52
Erdbeerkonfitüre 30
Himbeer-Smoothie-Bowl 12
Mango-Himbeer-Chia-Pudding 20
Overnight Oats mit Beeren 23
Pancakes mit Joghurt und Beeren 44
Quinoa-Rosinen-Porridge 19
Birchermüsli mit Beeren-Mix 25
Birnen-Porridge mit Zimt 18
Bratapfelauflauf 46
Buchweizen
Banana Split mit Joghurt und Granola 49
Buchweizen-Kurkuma-Brot 39

C
Champignons
Champignon-Reis-Rührei 58
Herzhafte Breakfast-Bowl 15
Chia-Samen: Mango-Himbeer-Chia-Pudding 20
Crêpes mit Himbeerquark 52

E
Eier
Champignon-Reis-Rührei 58
Griechische Rührei-Muffins 51
Herzhafte Breakfast-Bowl 15
Omelett mit Räucherlachs 59
Shakshuka 57
Süßkartoffelwaffeln mit Spinat und Ei 54
Erdbeeren
Birchermüsli mit Beeren-Mix 25
Erdbeerkonfitüre 30
Pancakes mit Joghurt und Beeren 44

F
Feta
Griechische Rührei-Muffins 51
Rote-Bete-Feta-Aufstrich 40
Shakshuka 57
Flohsamenschalen
Erdbeerkonfitüre 30
Mehlfreies Brot 37
Frischkäse mit Radieschen 40

G
Granola: Banana Split mit Joghurt und Granola 49
Green-Smoothie-Bowl 13
Griechische Rührei-Muffins 51
Grüner Smoothie 11

H
Herzhafte Breakfast-Bowl 15
Heidelbeeren
Banana Split mit Joghurt und Granola 49
Overnight Oats mit Beeren 23
Pancakes mit Joghurt und Beeren 44
Quinoa-Rosinen-Porridge 19

Himbeeren
  Crêpes mit Himbeer-
    quark 52
  Himbeer-Smoothie-Bowl 12
  Mango-Himbeer-Chia-
    Pudding 20
  Pancakes mit Joghurt und
    Beeren 44

J
Joghurt
  Banana Split mit Joghurt
    und Granola 49
  Overnight Oats mit Bee-
    ren 23
  Pancakes mit Joghurt und
    Beeren 44

K / L
Kaffee-Bananen-Smoothie 8
Kartoffelbrötchen 34
Kirschen: KiBa-Smoothie 10
Kokos-Mandel-Aufstrich 31
Konfitüre: Erdbeerkonfi-
  türe 30
Lachs: Omelett mit Räucher-
  lachs 59

M / N
Mango
  Green-Smoothie-Bowl 13
  Mango-Himbeer Chia-
    Pudding 20
  Orangen-Mango-
    Smoothie 10
Mehlfreies Brot 37
Muffins
  Banana Bread Muffins 50
  Griechische Rührei-Muf-
    fins 51
  Müslimuffins 35
  Nuss-Nugat-Creme 30

O
Omelett mit Räucherlachs 59
Orangen-Mango-
  Smoothie 10
Overnight Oats mit Bee-
  ren 23

P / Q
Pancakes mit Joghurt und
  Beeren 44
Piña-Colada-Overnight-
  Oats 22
Quinoa-Rosinen-Porridge 19

R
Radieschen: Frischkäse mit
  Radieschen 40
Reis: Champignon-Reis-
  Rührei 58
Rosinen
  Birchermüsli mit Beeren-
    Mix 25
  Müslimuffins 35
  Quinoa-Rosinen-
    Porridge 19
  Rosinenbrötchen 32
Rote Bete
  Rote-Bete-Brot mit
    Nüssen 38
  Rote-Bete-Feta-
    Aufstrich 40

S
Salted Caramel Smoothie 9
Schoko-Kokos-Porridge 16
Shakshuka 57
Spekulatiuscreme 31

Spinat
  Green-Smoothie-Bowl 13
  Grüner Smoothie 11
  Herzhafte Breakfast-
    Bowl 15
  Omelett mit Räucher-
    lachs 59
  Süßkartoffelwaffeln mit
    Spinat und Ei 54

T
Toast: Vollkorn-Toastbrot 28
Tomaten
  Herzhafte Breakfast-
    Bowl 15
  Shakshuka 57
  Tomaten-Walnuss-Auf-
    strich 41

V / W
Vollkorn-Toastbrot 28
Waffeln: Süßkartoffelwaffeln
  mit Spinat und Ei 54

Abkürzungsverzeichnis:
E = Eiweiß
EL = Esslöffel
(gestrichen)
F = Fett
kcal = Kilokalorien
KH = Kohlenhydrate
Msp. = Messerspitze
Pck. = Päckchen
TK = Tiefkühl
TL = Teelöffel
(gestrichen)
Ø = Durchmesser

© 2020 GRÄFE UND UNZER VERLAG GmbH, München
Alle Rechte vorbehalten. Nachdruck, auch auszugsweise, sowie die Verbreitung durch Film, Funk, Fernsehen und Internet, durch fotomechanische Wiedergabe, Tonträger und Datenverarbeitungssysteme jeglicher Art nur mit schriftlicher Genehmigung des Verlages.

Projektleitung: Vanessa Lotz
Lektorat: Kathrin Gritschneder
Korrektorat: Jutta Friedrich
Gesamtgestaltung: independent Medien-Design, München: Horst Moser (Artdirection), Lucie Heselich, Svenja Wamser
Herstellung: Mendy Willerich
Satz: Kösel, Krugzell
Reproduktion: medienprinzen GmbH, München
Druck und Bindung:
Firmengruppe APPL, aprinta druck, Wemding
Printed in Germany

1. Auflage 2020
ISBN 978-3-8338-7295-2

www.facebook.com/gu.verlag

DIE AUTORIN

Hannah Frey ist Food-Bloggerin, Ernährungsexpertin und Kochbuchautorin. Seit 2011 ernährt sie sich nach dem Clean-Eating-Prinzip. Drei Jahre später startete sie mit »Projekt: Zuckerfrei«. Über den Blog www.projekt-gesund-leben.de/ und die »Projekt: Zuckerfrei«-Facebook-Gruppe sowie #projektzuckerfrei tauschen sich ihre Leser mit Hannah über ihre Erfahrungen aus. Für GU hat sie unter anderem »Zuckerfrei – Die 40-Tage-Challenge«, »Zuckerfrei backen« und »Zuckerfrei für Berufstätige« geschrieben.

DIE FOTOGRAFIN

Coco Lang fotografiert Food und Stills in ihrem Werkstattstudio direkt am Münchner Viktualienmarkt. Zusammen mit **Monika Schuster** (Foodstyling Rezepte) und **Sven Dittmann** (Foodstyling Klappen) kreierte sie feine Frühstücksgerichte ganz ohne Zucker.

BILDNACHWEIS

Coco Lang: S. 06–59 und Fotos auf den Klappen
Autorenfoto: Caitlin Collins
Coverfoto: Kathrin Koschitzki

Syndication:
www.seasons.agency

Umwelthinweis:
Dieses Buch ist auf PEFC-zertifiziertem Papier aus nachhaltiger Waldwirtschaft gedruckt.

LIEBE LESERINNEN UND LESER,

wir wollen Ihnen mit diesem Buch Informationen und Anregungen geben, um Ihnen das Leben zu erleichtern oder Sie zu inspirieren, Neues auszuprobieren. Wir achten bei der Erstellung unserer Bücher auf Aktualität und stellen höchste Ansprüche an Inhalt und Gestaltung. Alle Anleitungen und Rezepte werden von unseren Autoren, jeweils Experten auf ihrem Gebiet, gewissenhaft erstellt und von unseren Redakteuren/innen mit größter Sorgfalt ausgewählt und geprüft.

Haben wir Ihre Erwartungen erfüllt? Sind Sie mit diesem Buch und seinen Inhalten zufrieden? Haben Sie weitere Fragen zu diesem Thema? Wir freuen uns auf Ihre Rückmeldung, auf Lob, Kritik und Anregungen, damit wir für Sie immer besser werden können. Und wir freuen uns, wenn Sie diesen Titel weiterempfehlen, in Ihrem Freundeskreis oder online.

Sollten wir Ihre Erwartungen so gar nicht erfüllt haben, tauschen wir Ihnen Ihr Buch jederzeit gegen ein gleichwertiges zum gleichen oder ähnlichen Thema um.

KONTAKT
GRÄFE UND UNZER VERLAG
Leserservice
Postfach 86 03 13
81630 München
E-Mail: leserservice@graefe-und-unzer.de

Telefon: 0 08 00 / 72 37 33 33*
Telefax: 0 08 00 / 50 12 05 44*
Mo – Do: 9.00 – 17.00 Uhr
Fr: 9.00 – 16.00 Uhr (*gebührenfrei in D,A,CH)

APPETIT AUF MEHR?

ISBN 978-3-8338-5934-2

ISBN 978-3-8338-6700-2

ISBN 978-3-8338-6847-4

ISBN 978-3-8338-6979-2

ISBN 978-3-8338-7139-9

ISBN 978-3-8338-7316-4

 Alle hier vorgestellten Bücher sind auch als eBook erhältlich.

Mehr von GU auf www.gu.de und facebook.com/gu.verlag

DIE »GU KOCHEN PLUS«-APP

 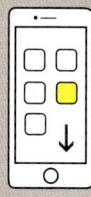

1 APP HERUNTERLADEN

Laden Sie die kostenlose »GU Kochen Plus«-App im Apple App Store oder im Google Play Store auf Ihr Smartphone. Starten Sie die App und wählen Sie Ihren Küchenratgeber aus.

2 REZEPTBILD SCANNEN

Scannen Sie das gewünschte Rezeptbild mit der Kamera Ihres Smartphones. Klicken Sie im Display die Funktion Ihrer Wahl.

3 FUNKTIONEN NUTZEN

Sammeln Sie Ihre Lieblingsrezepte. Speichern und verschicken Sie Ihre Einkaufslisten. Oder nutzen Sie den praktischen Supermarkt-Finder und den Rezept-Planer.